孫其君的海岸自由式

孫其君
Steven Sun
——著

index

澎湖自由事

花蓮自由事

澎　湖　自　由　事
Peng-

11

event 01

轉　角　的　風　景　—　立　髮　院

在電影院旁邊的一棟小建築物裡，有間理髮廳藏在裡面，它沒有特別的招牌，遊客平常也不會經過，它叫「立髮院」。我覺得這名字好有創意，店家幾十年前竟然就想得到用立法院的諧音來作名字！

它的樣子就像電影裡會看到的復古理髮廳，是我印象中爸爸年輕時會去的理髮廳形式，有剃刀還有鬍泡，裡頭所有物品其舊無比，可是卻保養得很好，乾乾淨淨的。理完頭要沖洗時也得走到傳統水槽下低著頭洗，不像現在舒舒服服地躺著洗，我猜我這一代年輕人應該沒有這樣洗過了吧！

立髮院

澎湖縣馬公市忠孝路與樹德路口（近澎湖縣議會）

立髮院
中華民國一百零二年
一月二十六日

event
電影票
內售
雨傘
雨衣
飲料
電影票
代劃位
餅乾
飲料
大顯神威
12:30
14:30
16:30
18:30
20:30
22:30
神鬼認證
傑森包恩

02

賣戲票的雜貨店

澎湖也有電影院喔！澎湖這間唯一的電影院非常有趣，它本身不賣票、沒有票口，竟然是旁邊那間雜貨店才有售票服務，店門口還貼著最近放映的電影資訊呢，要看電影的人必須先到雜貨店買電影票。

電影院只有收票的服務人員在那邊工作，他還必須身兼放映員，收完票之後得趕快去放電影。如此精簡人力的做法，讓人潮稀少的電影院得以繼續營業。

五十年的咖啡館—巴里園

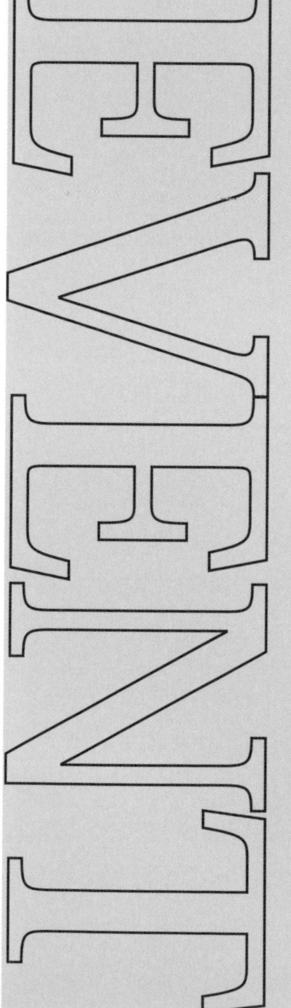

這幾年台灣（本島）開始有許多城市、商店、咖啡店走文青風，澎湖也是！這間五十年咖啡廳我非常喜歡，老闆娘從年輕時就在這裡生活了，她對於咖啡很了解、很講究，架子上的 CD 都是很舊的專輯，客人從喊她為妹妹、姐姐，一直到阿姨、婆婆……都是在這間咖啡廳裡。它裝修前的樣子非常傳統，但是卻更有味道。這間咖啡廳是老闆娘的爸爸媽媽傳下來的，來光顧的客人都以長者居多，大家會坐在這裡安靜地看報紙、喝咖啡。

那天我問老闆娘說：「妳這輩子都待在這間咖啡廳裡，難道不會想做點別的事，比如搬到城市裡，或到處走走？」她說她當然想去很多地方、做自己的事，但是又考量到這間店沒有人承接很可惜，因為這邊的客人大多是多年老主顧，關掉咖啡廳有種對不起他們的感覺，多方考量下決定和老公留下來經營它。對老闆娘來說，與爸爸媽媽及這家店的感情比起來，自己的事情似乎沒那麼重要了。我聽到她這樣說覺得很感動，覺得她的個性中有一種韌性，知道即使做這些事情沒有多了不起、賺不了許多錢，還是要繼續做下去。

在澎湖接觸到這些尋常店家，讓正值打拚的我有更深一層省思。常常我們講到「堅持」這兩個字，總是針對創業家、經理人、運動員為了企業、榮耀、名譽、夢想而打拚，然而這些澎湖老百姓卻沒有這些堂而皇之的動機，他們即使知道手上工作無法帶來大成就卻還是繼續做，因此我才會用「韌性」形容他們。這就像農夫一樣，手上的工作看起來如此辛勞、微不足道，卻對人類生命很重要。

汗顏的是，這樣的態度是我目前所沒有的，因為我仍跟一般人一樣做事充滿目標導向，總是先去思考做這件事情有多少回報、效率好不好？不好就不會去做。就像健身這件事，我有時真的不知道自己在幹嘛，當我練到手都快要舉不起來時，負面的思考便常跑出來問自己：「我到底為什麼要這麼累？如果做到最後還是接不到工作、沒戲拍怎麼辦？」

或許我該學學澎湖人的態度，他們做事不需要理由，今天無論來一個客人或五十個客人，都一樣要開店、一樣要服務客人、一樣要喝咖啡！我喜歡澎湖人這種態度，讓他們在簡單的環境下，也能活出滿足、充實、專注的每一天。

巴里園

澎湖縣馬公市民權路 61 號

FB ｜巴里園 since1957

翻浪職人—波賽頓海洋運動俱樂部

聽家人說我很小很小的時候就去過澎湖，但是我早已沒有印象，現在它對我來說是個全新的地方，待我一探究竟。澎湖給我的感覺是個有名的觀光景點，但我從不覺得它有什麼故事可以挖掘，更沒想過它包含許多有別於台灣本島的生活層次。直到抵達澎湖才明白，船是他們生活的一部份，更是賺錢的工具，除了捕魚之外，也有人會開船載遊客看海、看魚。

運動俱樂部裡的工作人員有套嚴謹的 SOP，當他們帶遊客玩了一整天回來之後，會先派一組人帶遊客去吃飯，再派另外一組人留下來洗船，辛苦清理所有裝備。因為海水裡面的礦物質跟鹽，會侵蝕船身的漆，所以每次出海回來後一定要有紀律地完成所有清潔工作，再準備明天的工作項目，日復一日不斷重複，其實並不輕鬆。

看著他們的生活，常常讓我想到現在的自己，為了鍛鍊體能，每天不間斷地進行重量訓練、有氧運動，常常已經通告排得很滿很累了，卻還是堅持要去健身房鍛鍊、不能鬆懈。你若看到我每天的行程便不難明白，這和大家以為藝人在螢光幕前的光鮮亮麗完全不同，演藝生活並沒有你想的那麼輕鬆，而是一步一腳印，腳踏實地耕耘而來。

也許你會說，一天不練會怎樣？當然不會怎樣，就像船一天不洗也不會馬上生鏽，但是那偷懶的習性卻會使你漸漸上癮，當你休息一次沒關係、休息兩次也沒關係的時候，漸漸地你也失去勤勞打拼的習慣了。

對這群澎湖人來說，每年只有四月底到九月初能賺錢，因為澎湖冬天天氣不好，浪又很大，沒有什麼遊客，他們必須靠夏季的營收活一整年！我曾經冬天衝浪過，知道冬天的浪與夏天完全不一樣，很可怕又很冷，一般遊客絕不會選在這個時候去衝浪。如果你冬天去台東、澎湖，看到那些在衝浪的人絕對都是專家。

因此在夏季之外，居民必須自己想辦法謀生。有一些人在冬天時會去別的地方工作，像是開衝浪店的年輕人，他們冬季會回到台北，經營其他運動相關事業，夏天才又回到澎湖。還有人是一邊經營民宿，一邊規劃親子露營旅行，讓冬天仍具有謀生能力。

謝謝澎湖人提醒我要懂得「把握時節」，雖然對藝人來說，表演並不分季節，但確實不是想要獲得機會就可以有的。也許你一不留心沒有把握當下，不去珍惜上帝賜與的寶貴機會，你的黃金時代便不再重來。想起來怎麼不讓我兢兢業業，面對每一天的工作呢？

adidas

波賽頓海洋運動俱樂部

澎湖縣馬公市嵵裡里嵵裡
52 之 7 號 1 樓

FB ｜波賽頓海洋運動俱
樂部 -Poseidon Water
Sports Club

event
Woden

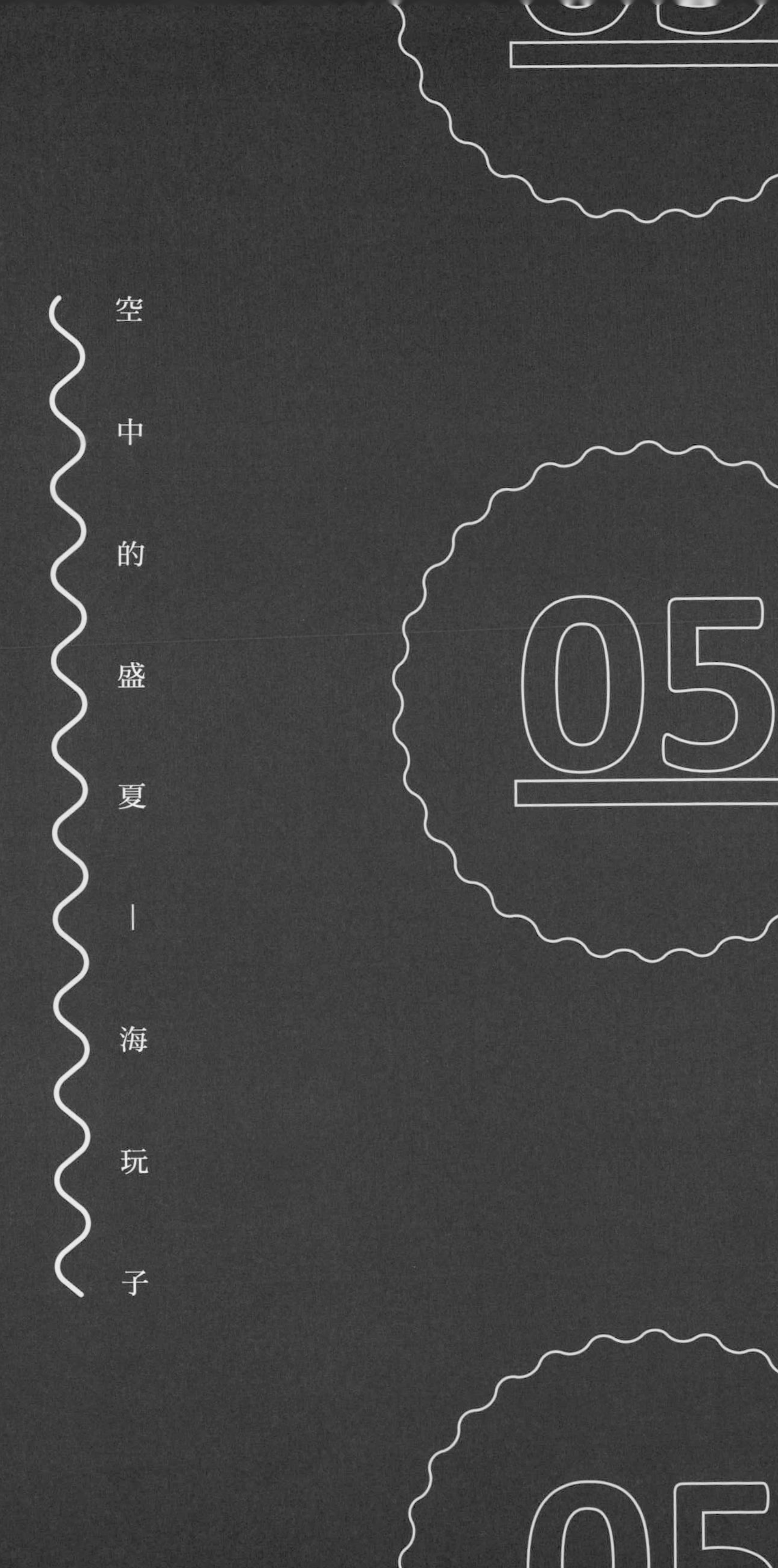

空中的盛夏—海玩子

到澎湖第一天我們就去體驗了拖曳傘。帶我們玩拖曳傘的是澎湖當地一位年輕人「罐頭」。罐頭告訴我，他們家族經營拖曳傘工作這麼多年，其實並不只是為了賺錢，而是真心享受著看到遊客開心、玩得盡興的當下。其實在澎湖到處都會發現這樣的人，無論年輕人或長者，他們都愛交朋友，用心過著每一天、真誠地與每個人互動。

這是我第一次玩拖曳傘，我本身並沒有懼高症，從事各種活動都很有膽量、什麼都想嘗試，但是當連接拖曳傘的船往前駛去，拖曳傘逐漸張開，人慢慢往天空飛上去時，我才發現它飛起來真的很高！當傘飛到最高點時，往下看船只剩下一個小點，地面上的人跟我揮手都看不到；但當船的速度變慢，你又會突然失去動力，在傘上覺得自己離海越來越近、越來越近，人跟傘都有快要掉到水裡的感覺……眼看腳就要碰到水時，駕駛又會立刻開船，你會再度被拖曳傘拉上去，整個過程非常刺激，不斷享受著地心引力的神奇魔力。

罐頭從小在澎湖海邊長大，他跟其他年輕人一樣，也曾嚮往外面的世界，並到過台灣本島工作。然而體驗了五光十色的城市生活後，他還是決定回來澎湖承接家族的拖曳傘事業。我看到罐頭身上有一個刺青，仔細看那是一個人名，一問之下才知道那是他爸爸的名字。這讓我非常感動，罐頭將他過世的爸爸名字刺在身上，用刺青還有經營拖曳傘事業來紀念爸爸。

我觀察罐頭總是辛苦工作卻很快樂、永遠面帶微笑，我相信那個擺在他心裡讓他堅持下去的動力一定十分強大。他享受著自由自在的時光，能一邊交朋友一邊工作、服務客人。罐頭認為不需要多有錢，只要賺來的錢夠活，這樣的日子其實很幸福。

聽見罐頭與他爸爸的故事也讓我聯想到我與爸爸的一段回憶。還記得我爸爸因癌症過世前，他要我先把工作做好，不要回美國陪他，那時我打電話回去跟爸爸說要回去探望

Woden
· SCANDINAVIAN MYTHOLOGY CLOTHING ·

他時，他竟然帶著責怪的語氣對我說：「你知不知道我得的是什麼病？我不是感冒，陪一下就會好了，我得的是癌症，你不如把時間用在對你重要的事情上。」就這樣，我沒有回去，再過了兩個月之後，爸爸便離開人世。那時我很難過，既矛盾又後悔地擔心自己是不是做錯了決定？尤其在當時有些親戚還罵我不孝，因為他們並不知道我曾跟爸爸通過那通電話。

然而事到如今也沒有必要再多作解釋，只要爸爸了解我就夠了。一直到現在，我謹記著爸爸的囑咐，他既犧牲掉最後一段能跟我相處的時間，勉勵我專注工作，那麼我一定要遵從他的心願，戰戰兢兢把工作做好。相對於罐頭而言，我也是在用自己的演藝工作向爸爸致敬。

我出道七年來，其實有過無數次想要放棄的念頭，因為演藝圈不如想像中那麼輕鬆與光鮮亮麗，它真的很辛苦，所以在我沮喪時拉住我、叫我不要放棄的主要念頭就是我父親。我想起他犧牲掉自己想念我的期待，用來成就我的事業，我便告訴自己要堅持下去，無論怎樣都要貫徹使命，好好經營自己的演藝生涯。這是我盡上孝心最實際的方式，相信爸爸在天堂也會感到欣慰吧！

海玩子拖曳傘

澎湖縣馬公市新營路 25 號

FB ｜海玩子拖曳傘

event 06

人情集散處一馬公第三漁市場

到了澎湖最讓我印象深刻的不是觀光景點，而是可以融入當地人生活，深入體驗澎湖人的工作與生活場域。例如我們到了馬公第三漁市，真是大開眼界。過去我雖然去過傳統市場，但卻從來沒進去過漁市，一次看到那麼多魚，自然也不曾感受過魚市場的環境與味道，那邊除了充滿魚腥味，還到處都黏黏滑滑的，有別於一般都市的生活。

天還沒有亮，這些魚販便開始勤奮工作。其實這些魚販已經醒著很久了，他們凌晨十二點出海、四點鐘回來靠岸，接著把魚搬下來，六點開始賣，也就是說當他們剛結束工作的時候，一般人的一天才要開始。看他們和挑選漁獲的顧客吆喝互動、算錢分毫不差，真的由衷感到佩服。尤其漁市裡的魚很重，三個人搬都不容易搬動，加上箱子裏頭還要放冰塊，完全不是像我們想像的，隨隨便便都可以扛起來。令我驚訝的是，魚市場的人不分男女，工作起來都很有效率、速度很快，強烈地讓我感受到他們一輩子投入這份工作的堅毅。

這邊的漁獲大多供給當地餐廳，一部份則是要送到台灣。當地餐廳老闆會來搶漁獲，因此所有人都非常早來。那天我們已比平常早起，但對當地人來說卻還是晚了。到了那邊，我們選了一個魚販阿姨，問問她可不可以幫忙做一些工作。我從她的表情發現，對他們來說這些工作是再尋常也不過了，但竟然有外地人想嘗試，讓她感到非常新鮮，因此便一口答應了。我在現場嘗試拿墨魚，因為從沒有過這樣的經驗，差點快把老闆娘氣死。因為墨魚有一種固定拿法，要有技巧地不要讓牠吐墨，但我不熟練地一直捏捏捏、刺激墨魚，牠被我一拿起來就開始吐墨，真是令阿姨又好氣又好笑。此外我還幫阿姨刮魚鱗，還好這個工作我順利完成，沒有太難，因為老闆給我刮的那隻魚很大隻，魚鱗片比較大比較好刮。比較難的是清理小章魚，因為清理小小一隻章魚有許多步驟，首先要把牠的嘴巴拿掉，接著把頭其中一邊割開，把手指頭伸進去把內臟拔掉，最後再洗乾 ，我動作很慢很不熟練，但魚販們的動作很快，平均三、四秒就可以清一隻！

看著這些清早工作，賣魚賣了一輩子的魚販阿姨與阿伯，無論有沒有人監督，他們每天一定準時起床、準時出海，不會因為昨晚比較晚睡、今天比較睏就賴床。這天在馬公第三漁市的經歷，我對自己說：敬業果真不只在鏡頭前，而是在鏡頭外的時時刻刻。

金明興

第三漁港魚市場

澎湖縣馬公市陽明里新生路 158 號

EVENT 07

破浪前行—澎湖休閒工作坊

在澎湖玩風帆和拖曳傘都是我的初體驗。其實我本來就很喜歡玩水，加上速度感跟刺激感，讓我一直很想試試這些活動。那天我大概練習了一個小時，真的不太容易學，我們必須判斷風從哪裡來，不管你站在什麼方位，你的帆永遠要面向風、要懂得跟著風轉，才能讓風帆向著你要去的方向創造動力。如果操作技巧得當，甚至可以讓行駛中的風帆時速一百公里；如果風夠強，它甚至還可以飛起來！所以站在風帆上四肢要很協調，別看它小小的好像很簡單，風帆可是其中一樣奧運項目呢！

後來我們到了一間年輕人自己開的衝浪店，他們夏天會帶著遊客衝浪，或者到河裡、溪上划船。我請教他們，既然冬天不會有人去澎湖玩水，店鋪又只營業夏天這一季，其他時間該怎麼維持生計呢？他們說他們在冬天也會和其他澎湖人一樣到台北工作，夏天再回來，靠著一股對海的熱血，就這麼每年澎湖、台北兩地跑。坦白說，到目前為止我看過最乾淨的海水，第一處是蘭嶼，再來就是澎湖了，難怪他們會如此迷戀這裡的海洋！

看著這群年輕人順應時節的生活方式，回想當我站在風帆上迎著四面八方的風、隨時調整自己的姿態，我想無論是誰，當我們處在不同位置時就要擁有不同的思維，不要再遙望那些不在你手中的人事物了！我們該做的，是抓緊手上的纜繩，用心回應風的呼召，讓現在的每一刻成為自己的動力，乘風飛翔！

freeride
START 5.0

澎湖休閒工作坊

澎湖縣馬公市井垵里井仔垵 16-2 號

FB ｜澎湖休閒工作坊

初 衷 ——
大 菓 葉 柱 狀 玄 武 岩
event
08

大菓葉柱狀玄武岩

澎湖縣西嶼鄉池東村 10 號

澎湖的大菓葉柱狀玄武岩是我相當喜歡的一個地方，除了因為它很美，更能讓我接觸到地球上僅存極為原始的樣貌，提醒我是屬於地球的一部份。雖然我們都知道要多吸收森林裡的芬多精，也知道每個人都生存在大自然無形的規律之下，但卻常常忘記幫助身體回到這個自然脈絡與軌道。

其實我過去在美國的時候住的是郊區，人與車都不多，是個很適合生活的地方，所以我很喜歡爬山，也喜歡到人比較少的地方走走。對照之下，台北就比較適合工作，因此我三不五時還是需要離開城市出去透透氣、接觸大自然。

對藝人來說，在工作中常有許多負能量需要消化、丟掉，特別是那些外在的聲音、眼光、批評……不時會跑出來干擾著我。唯有時常歸零，才能讓自己不受雜音影響，專注地向著標竿直跑。

event
09

這趟來澎湖，我發現它比我想像中大得多，不同區域具有不同的氛圍。原本就是小村莊的二崁聚落，帶我進入不同的時空中，這裡充滿歷史感，人潮也比咖啡廳那邊少，顯得更有古樸氣味、步調也慢許多，是一般景點不會標註的地方。雖然現在多了一點觀光的氣氛，但還是保有原來的樣子，居民也如常住在這裡。

對一個演員來說，能看到這些景物很重要。當我要演一個鄉村部落裡的人時，若只拿平時我在城市中看到的一切去想像去模擬是不夠的。部落的步伐比都會慢很多，這裡的人懂得享受微風、享受陽光，處理日常小事時也不會嫌麻煩，可是住在大都會裡的人行色匆匆，少有這樣的環境與氛圍讓人們靜下心來。

像這裡賣豆花的攤販，他們的豆花是從頭做起，從把豆子軟化、磨豆開始，每個細節都不馬虎，可是在台北想吃一碗豆花隨手可得，販賣的人常常是批供應商做好的來賣。相形之下，澎湖人很能享受從頭做起的過程，他們可以接受凡事「慢慢來」。

其實「慢」真的很重要，住在澎湖每一天都可以感受到它。因為慢，你才能留意周遭人事物每個小細節；因為慢，你心裡的疑惑、焦慮、不確定才會誠實展現，進而去面對、去找解決方法、不再逃避。或許，我們這些都市人都應該學習一項技能，就是如何在喧囂的世界中，也保持清明的心吧。

二崁聚落

澎湖縣西嶼鄉
二崁聚落保存區

event 10

進行一些有點危險的工作才是我內心深處最喜歡的活動！這也是我主持《冒險王》的原因，因為我喜歡挑戰自己，看看自己能做到什麼程度？就像來到小門鯨魚洞這裡就有這種感覺。坐在這麼高的地方拍照，連旁人看都會有點擔心。但也唯有這樣，我才拍得到別人沒有的照片。尤其現在人人都有相機、手機裡有各種修圖軟體，好像每個人都是攝影師，如果想拍到真正獨特的照片，你勢必要去一些別人不敢去的地方。

勇 者 的 高 度 — 小 門 鯨 魚 洞

坐在這裡，一跳下去就是海，海下面都是石頭，我們實在不確定所坐的石頭堅不堅固。但這裡的美景讓我不想考慮這麼多。當別人還在擔心褲子、衣服、鞋子會不會弄髒的時候，我只在意我可以看到什麼、探索到什麼，我寧願在當下盡情去做別人沒有做過、不敢做的事，絕不留下遺憾。

我認為工作也是同樣的道理，當別人總是在意「做一件事會不會太累？」、「會不會太麻煩？」的時候，你是否願意成為一個全心投入、不計較辛勞的人？當全世界都在計較付出能得到多少收穫、「CP值」高不高的時候，你是否願意多走一哩路，勇往直前？

其實，想成為一個勇者，不必像電影裡的漫威英雄一樣拯救世界、衝鋒陷陣，只要你願意多付出，當下就能成為人生的勇者！

小門鯨魚洞

澎湖縣西嶼鄉小門村
11-12 號

理想的飽餐——

菊子憩水自助夯肉

event

去烤肉店前我曬了一整天，又累又餓，所以這天經紀人放行，要我盡量吃，因為這將是我那陣子可以暫時放下禁忌，暢快吃喝的一天。

烤肉店的食材很新鮮，料理是用烤的，而且也不貴。這位阿姨好可愛，一直不斷供應我們食材，她還偷偷問我說：「你是不是那個演戲的？」我說是啊！阿姨就超級興奮的！這個時候我真心覺得，原來當藝人最大的收獲，就是能為一個人帶上當天的笑容。

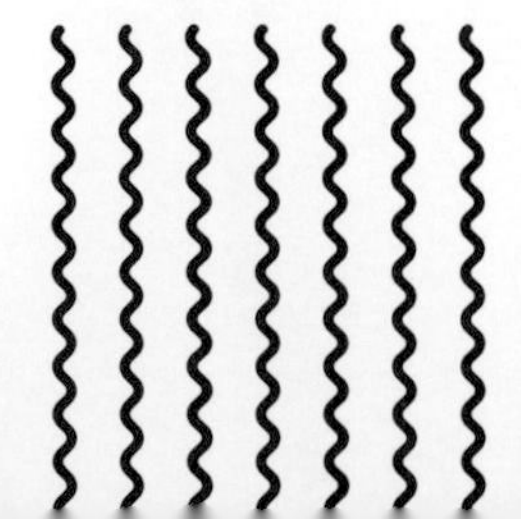

說到成為藝人之後的最大差別，就是以前我天天吃到飽，一天七碗飯，坐在電視機前面看球賽，一次可以吃一整箱甜甜圈！雖然我不曾因此變胖，但是當藝人對身材的要求卻是大不相同，必須更謹慎。

人生就是不斷練習「超越界線」以及「尊重界線」這個學問，並且從中找到自己的平衡點。我超越界線、跨越舒適圈，為了創造更好的自己；但也遵守界線、享受界線帶來的保護，學習知足。在演藝圈，我挑戰自己的體能、技能，為了有更好的作品；另一方面卻要過得更規律、運動得更多、吃得更均衡。在每一天的攻與守之間，鍛鍊出鐵一般的心志。

菊子憩水自助夯肉

澎湖縣馬公市山水里山水沙灘海堤右側（近山水濕地）

憧憬與實現之間—跨海大橋

澎湖的面積比蘭嶼、綠島都大，遊客除了租摩托車之外，常有人試著搭便車，因為澎湖不像台北，到處都有大眾運輸工具，不僅沒有捷運、沒有火車，連公車都五十分鐘才來一班，且只有熱鬧的鎮上才看得到它的身影。若你想搭計程車也要用事先叫車，沒辦法隨招隨到。總之，一切「行的問題」都必須自己來。

離開城市，我才知道日常生活中有太多細節並非「理所當然」，旅行帶來的各種衝擊，幫助我探索平凡事物中的不平凡，就像我常透過《冒險王》伸手觸摸各種新奇與未知……我想，這就是旅行的意義吧！

EVENT

跨海大橋

澎湖縣白沙鄉通
西嶼鄉橋樑

12

event

13
與 陽 光 一 起 一 隘 門 沙 灘

到了隘門沙灘時天氣很好，天空很藍很美。每次來到沙灘，總會讓我想要全然解放，盡情地衝到海裡。這種瘋狂的事情我在美國時也做過。有一次我跟朋友在“Black Friday”感恩節晚上一起衝去 Las Vegas，我們四個人不敢花太多錢賭，只小小玩了一下、喝了一些酒，四個人便回到房間洗澡睡覺。洗澡的時候，其中一個朋友喝得比較醉，一邊傻笑一邊裸體走出來，所以我們另外三個人也如法炮製，一整個就是用男孩的模式相處，心智年 齡壓得超低的。我想這也是為什麼男生都喜歡看《蠟筆小新》和《海綿寶寶》，因為每個男人心中都住著一個小男孩，只是現實生活不允許我們這麼幼稚罷了。

其實我不是一個太拘謹的人，思維模式真的很像男孩。當我在隘門沙灘全裸衝進海裡去時，滿腦子想的只是：「這樣直接進到海裡，會不會被魚咬？」哈哈哈！我真的只有在想這件事，根本沒有去思考會不會曝光或是照片拍起來如何。有時有人會建議我說：「你明明長得很斯文，可不可以修飾一下自己的行為，不要放這麼開、那麼像小孩？」但我覺得人應該活得真一點，不要受限於自己的藝人身分、「偶包」那麼重，人生就是要活在當下！

SPALDING

隘門沙灘

澎湖縣湖西鄉

14

海藍下的秘密—山水沙灘

其實我是一個喜歡玩水的人，也喜歡與海相關的事物，雖然不太會衝浪，但是卻很會游泳。曾經我在美國有過一次很瘋狂的經驗，就是天天凌晨四點起床，接著六點鐘上山滑雪，滑到十一點在山上吃完午餐，兩點接著到海邊玩水……就這樣一路玩下去！尤其洛杉磯是一個很適合玩的地方，右邊是海、左邊是山，年輕的我熱血不怕累，先玩再說！

但是在澎湖卻是我第一次浮潛，可惜這次的經驗並不那麼美好。在澎湖浮潛真的很美，裡面充滿珊瑚和各式各樣的魚，但整個浮潛的過程好難受，因為我本來就是屬於會暈船的體質。還記得有次跟家人在美國聖地牙哥坐四個小時的船，去的時候很 High，上岸後卻一直吐。沒想到這次暈浪比上次暈船更嚴重，下水後的前十五分鐘還好，越到後面越受不了，最後可說是用爬的爬回岸上。好笑的是教練叫我不要亂吐，因為「要吐也要吐到海裡！」我驚訝地問為什麼要吐在海裡？教練說這樣可以當作魚

餌餵魚啊，我吐在海裡面等於幫他們省了一餐！哈哈，教練總是如此幽默地將樂趣融入教學與我們互動、鼓勵我們。

主持《冒險王》之後也要浮潛，我曾帶著：「這次會不會好一點？」的心態再度「下海」，因為我不喜歡遇到困難就不再嘗試的態度。雖然那次的結果還是一樣又暈又吐，而且整個人已經被浪沖到完全失去方向感，但我認為這不就是「冒險王」的真義嗎？真正的冒險王精神就是運動家的精神，知道自己不足卻還是奮戰到底！

浮潛完，教練帶我們回店裡吃中餐，澎湖的老闆們有個共同特質是熱愛經營關係，會想認識你、跟你聊天、了解你為什麼來澎湖，也會一邊告訴我們他自己的故事。當初教練為了經營生意，十年前就開始丟魚苗到海裡，所以那邊充滿各式各樣不同種類的魚，五彩繽紛非常美麗。從小在澎湖生長的教練，也曾經到台灣擔任夜店保安，過著日夜顛倒靡爛的生活，後來把身體都搞壞了，才決定再回來澎湖，投入心力照顧這個地方，好好珍惜這片土地，並且努力把海維持得乾乾淨淨。他說經營事業不是消費、消耗這個地方，而是讓資源源源不絕，使後來的人能一直看到美麗的風景。教練現在已經有兩個小孩了，他真的用這樣的哲學，成功地把家、事業和生態，永續經營著。

除了浮潛之外，教練還會帶遊客去「跳海」。這個活動是讓沒有體驗過刺激的都市人，感受一下都市生活不曾有過的經歷。其實跳海的地方沒有很高，但很多人還是非常緊張害怕，畢竟這就是都市人的特質。但有機會跨越舒適圈是好的，尤其在你要跳的時候，你會感受到做許多事情真的沒有人可以幫忙，能幫你往下跳的只有你自己！

就像我每天躺在舉重椅上臥推時，同樣沒有人可以幫我，我必須面對自己的所有軟弱。健身房裡有一大片鏡子，每當我練到快虛脫的時候，教練就會比著鏡子對我說：「看看你的肚子！本人都這樣了，在電視上看起來會有多胖？」這時我就會告訴自己：「不行，我一定要把這個重量拉起來！」每一個念頭都是對付自己的過程，更是天使與惡魔的戰場。說穿了，鍛鍊身體就是在跟上一秒的自己說再見。

現在的我每上一次跑步機，大約都能跑四十五分鐘，每當跑到七、八公里時都有種快要崩潰的感覺，因為看著旁邊的人都換了兩輪，我卻還在跑，真的很想立刻停下來。這時惡魔附在我耳邊悄聲說：「你只要停下來就可以馬上休息了！」但是我的天使卻告訴我：「你必須每天都比昨天好，要跑得比昨天快、跑得比昨天久才能停下來。」好險我聽了天使的話，以前一個小時只能跑掉六百卡的我，現在四十分鐘就可以跑掉七百卡，看到這樣進步的成果，我終於覺得對得起自己。

有位教練曾經對我說：「你可以休息一天，但一年只有三百六十五天，你休息一天就等於損失了三百六十五分之一的機會。」看來，我和舒適圈的戰鬥，不只是每天的抉擇，更是一輩子的修練，只因為：我就是自己人生的冒 · 險 · 王。

山水沙灘

澎湖縣馬公市山水里

夜之情緒步伐／馬公街頭

ent
15
馬路益
最懷念的家鄉味
溯於民國七十年（西元1981年），最早於第二漁港前
曾經歷過重慶街租店經營，最後落腳於北辰宮(北甲
Thirsty?
Coca-Cola
Woden
SCANDINAVIAN MYTHOLOGY CLOTHING
ROOTS
CANADA

蜂、楊美容三人齊心辛苦努力之下使得營業額日漸成長，更開發不少
格大眾化的小吃，如招牌燒肉飯、台式蛋包飯、烏龍麵與不加粉漿的蚵仔煎等
是受歡迎的小吃。馬路益秉著親切、實在、好料為經營中旨，並希望以永續傳
馬路益成為家鄉懷念的幸福滋味。
Thirsty?
Coca-Cola
Woden
馬路益

我的這本書是透過眾人募資才得以成型，所以我想要寫一些感謝的明信片寄給粉絲們，到了馬公市區我們便一起去買明信片。其實每到一個地方我都很喜歡寄明信片給自己或朋友，享受那種把所見所聞的感動，傳遞給其他人的感覺。

買完明信片之後我們便到當地的平價餐廳用餐。那間店生意超好幾乎客滿，椅子和桌子竟然都排到外面去。我充當了餐廳十分鐘的員工，幫他們送飯送菜。在澎湖還有那間餐廳都有蠻多人認出我來，指著我問是不是演過什麼什麼。其實我是在很後期，在演《軍官 ・ 情人》之後，在路上開始有人會認出我來，這才讓我意識到自己是個藝人，是個很新鮮的轉變。

過去剛踏進演藝圈的我，常常理直氣壯地說：「我要當一個專業演員，我不想當偶像。」因為演員聽起來很專業，但「藝人」聽起來就像個雜耍的腳色。然而我後來才發現，演員是在戲劇裡成為另外一個人，你不再是孫其君，觀眾在看戲的當下只感受到劇本好、角色好，他們喜歡你演的角色，戲結束之後便沒必要記得你。如果我要讓別人記得真正的「孫其君」，就必須在演戲以外經營自己，去做一些演戲以外的事情、成為一個藝人。

在演出《軍官 ・ 情人》之後，經紀人開始要求我在空檔做許多演戲以外的事，坦白說那段時間我跟經紀人磨了很久，不斷質疑為什麼要這麼做？起初我很反彈，不習慣在臉書上和大家分享私底下的自己，甚至連日常健身、練鋼琴、吃飯都要同步影像化分享……後來我認同的原因是這樣能讓我在沒有戲劇作品時，不會被大家遺忘，盡量與大家同在。後來我開始學會享受粉絲在臉書上的讚美，我愛唱歌但常常走音，甚至對自己的歌聲是

有點自卑的，某次我獨自在車上練唱覺得很滿意就想分享給大家聽，就自拍 Po 上臉書，沒想到大家滿喜歡的，也鼓勵我多分享歌唱影片，於是我受到了鼓勵，越來越敢唱歌，並且將這屬於我獨有的影片系列稱為「微走音」。

我也常常與粉絲進行直接的直播互動，他們想了解我什麼，我就回答：我是沒有秘密的。我想這也是藝人的責任！現在有這麼多人喜歡我、這麼多人對我有所期待，可能是家人、可能是合作過的工作夥伴、更可能是客戶……他們都因為知道我過去工作的口碑而信賴我、給我機會，我更要盡己所能回應大家的愛護與照顧。

我深深相信，當大家都在幫助我的時候，一定要真心感激與珍惜這份幸運，才能創造出正向的漣漪，繼續向著未來不斷擴散、永不止息，讓幸運化成未來的好運！

馬公街頭

澎湖縣馬公市

23.5
是
當掌上明珠的最後一天
意謂著流浪的青春
誓言遊盪八百又三條街
風吹髮飛 有夢當追
cactus ice cream
仙人掌甜品專賣
cactus dessert specialties
iPASS 一卡通
615-CLJ

event
16

同居無限日—澎湖北吉光背包客民宿

我發現粉絲真的會受到偶像的行為舉止影響。他們會因為你而想要改變自己的目標或價值觀。對我來說，能發揮這樣的影響力真的很有成就感。

在我的粉絲當中有個男生不擅於團隊生活，他曾經寫過一封信給我，信中提到他一向很膽小，跟人說話甚至不敢看對方的臉，更別提要到外面去認識朋友，但因為受到我的鼓舞，開始願意往外踏出那一步。在這過程中，帶有一點人群恐懼症的他非常緊張，一開始跟人講話還會發抖，不僅不敢看人的眼睛，還會一直想上廁所，但是他盡可能保持正面的態度、多去嘗試，終於有機會慢慢進步。除了他之外，還有其他粉絲也會持續在臉書上跟我分享生活，讓我能更認識他們、發揮影響力給他們。能跟他們一起成長，真的是件很幸福的事。

還記得我以前常跟教會朋友一起出去玩，一次就是兩個星期，男生住一間、女生住一間，所以我很習慣跟一群人出遊、跟大家打成一片。這次我跟參與這本書的群眾集資計畫粉絲一起到澎湖玩四天，很認真與他們一起生活，就是非常獨特的經驗。我發現這跟自己朋友相處很不一樣。跟朋友相處時大家都很熟，而且物以類聚全是同一個 Tone，但粉絲就不是如此了，各式各樣不同的人湊在一起，每個人都有不一樣的個性，能激盪出不一樣的話題。

我們在澎湖住的背包客棧，裡頭不僅有客廳還有廚房，可以讓大家一起吃吃喝喝非常放鬆，我還趁此機會做早餐給他們吃。在美國的時候，住宅生活機能不像台灣這麼方便，每間餐廳都離家很遠，所以我在美國也會做菜。對我來說做一些料理並不難，你們別看我是左撇子，切起菜來可是很靈活的喔！

這間背包客棧的房間裡有上下舖鐵床，六個人住一間。在長達四天、每天二十四的生活中，我們晚上都聊天聊到很晚才就寢，不像在台北辦個活動，辦完了就說 bye bye。因為我知道這幾天對我們來說都是很難得的相處機會，也是很難得的經驗。

YAMAHA
Woden
IWAS

EST. 1892

澎湖北吉光背包客民宿

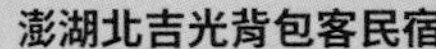

澎湖縣馬公市山水里
17-26 號

www.bayhouse.tw

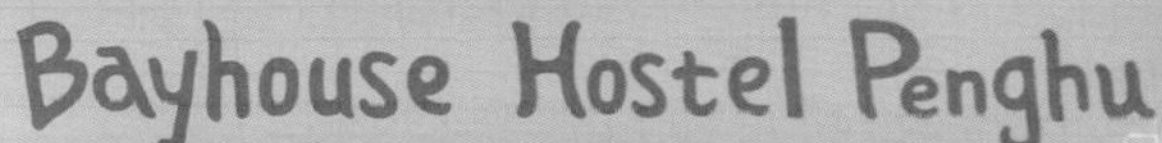

摩西分海

相信的力量—

我是個基督徒，當然知道摩西分海的故事不是發生在這裡，而是在紅海。但是眼前這個畫面卻讓我忍不住想像摩西行這個神蹟的樣子：他手拿著杖，神幫助他將海水分開，帶著以色列民族從這一頭走到那一頭。在澎湖看到這個類似的景象真的非常震撼！當你成為一個「對的人」，就可以做到不可能的事情。所謂對的人就是愛神、敬畏神、行為合乎真理的人，摩西是一個富有正義感又正直的人，當神使用他的時候，奇蹟便自然發生。

EVENT

17

關於「對的人」，現代有很多浪漫的說法。許多年輕人常說自己碰不到一個對的人，或者苦惱自己總是碰到愛劈腿的人。但我反而想問：「你的男女朋友是在哪裡認識的？」如果你總去一些聲色場所，憑什麼覺得對方會是想定下來的人？如果你自己不先成為對的人、做對的事、選擇去對的地方，要如何碰到一個對的人？當你很愛生氣、不體貼，就算碰到適合的人也留不住；如果一直去玩樂場合，碰到的也會是同類型的人，自然很難跳脫某種交往模式。

所以我想跟我的粉絲說，先學習做一個對的人吧！先從日常小事做起，例如情緒來的時候要 Hold 住，不要用「歡」的，也不要習慣冷戰、生悶氣，有心事一定要練習好好說出來，這就是你份內所能做到的「不可能的事」，當你每次超越自己一點點，就是在實現一個奇蹟。

之前聽過牧師講過一個故事，他說有位先生的太太每天晚上都要看報紙，看完報紙就往床邊地上丟，偏偏這位先生是個有潔癖跟愛整齊的人，總是無奈地對老婆說：「報紙看完不能摺好放桌上嗎？」但是老婆怎樣就是改不了，這位先生只好每天早上繞到床的另一邊，把報紙撿起來再放好。有一天他終於受不了了，因為這件事跟老婆大吵一架，整天沒講話。只是有趣的是，隔天一到固定時間，他竟然又習慣性地走到床的另一邊撿報紙！在這當下他才發現，原來撿報紙已經內化成自己愛老婆的方式了。

聽完這個故事，我對「愛」也有了另一種看法。愛不是熱戀時的風花雪月，愛是在面對伴侶、家人、朋友那些你不喜歡的事情時，換一種方式去面對，並且轉化自己的心情，一點一滴累積愛的存款。

常聽到有句話說：「當你信心足夠的時候，便可以移動山丘。」但我覺得移動山丘並不是去改變別人，而是先擁有對的態度，才能有意願、信心與力量成為伴侶的好伴侶、情人的好情人。就像摩西一樣完成不可能的任務，開展一段美好的關係。

摩西分海

澎湖縣湖西鄉北寮村奎壁山（奎壁山地質公園）

花蓮自由事

Hua-Lien

event

18

通 往 夢 想 彼 端 一 太 魯 閣 號

HELLO KITTY

這是我第一次搭台灣的東部幹線火車，來到花蓮這個步調稍微慢一點、放鬆一點、較符合我個性的地方。

一直以來我都蠻享受跟工作人員一起移動到某個工作地點的過程。例如跟冒險王劇組的感情像朋友也像家人，在車上或飛機上的時候，大家就會一邊聊一邊開玩笑，以工作團隊來說是相處極為融洽的，大家幾乎不會有無聊的時候，除非我們那天很累，吃完飯在車上睡覺之外，整個劇組幾乎處在歡樂的狀態，包括正式拍攝的時候都是。記得有次攝影師對著正要拍攝的我開玩笑說：「欸，我記憶卡快沒有囉！給你一次機會，Opening 只能拍一次哦！」他們會提醒我用心工作，卻不會帶給我壓力，讓我很享受這樣的工作氣氛與默契。

其實無論生活、學習還是工作，我都是一個喜歡鼓勵代替責備要求的人。因為從小一直到青少年時期，媽媽都是採用打罵的嚴格教育，所有能想到的補習項目我都補過，練鋼琴的時候如果表現不好，媽媽還會氣到直接把鋼琴蓋壓在我手上，她是真的很嚴厲的家長，寫功課時也會拿著橡皮擦坐在我旁邊，寫不好就立刻擦掉。大家一定不敢相信國小時期的我每天凌晨一點才睡覺，因為補習完還得寫功課，寫完功課還要預習明天的課程。所以不是我有紀律，是我的媽媽有紀律。

到了國中時期我搬到美國的時候，媽媽開始比較少管我，所有的紀律源頭來自老師。幸運的是，美國的大人常跟小孩子說 “You can do it!” 當我英文還不夠好、自然科學最高只能得到三、四十分的時候，老師也把我叫過去鼓勵我：「Steven，我知道你剛從國外來，It's ok! 加油！」記得當時我因為這個溫暖的鼓勵，下定決心認真地把自然科學學好。

可見這種教育方式對我影響有多大，因為連我都不相信自己的時候，老師竟然願意相信我、覺得我做得到，我怎麼可能不加倍努力把它做好呢？「鼓勵」激起了我的榮譽感，也讓我自然而然湧現感恩的心，讓我以「成為一個更好的人」來回報這份信任。

Hello Kitty EVA AIR
日月潭

event 19

理想的日常—鈺展苗圃

有些景點很奇妙，當我們在現場時，周遭景色沒有帶來非常強烈的感受，但是回來看照片時竟然非常美！我跟工作人員開玩笑地說，原來不只人有上不上相的差別，連景點都有！我在裡面看起來就是個不折不扣的暖男。每次看到這些照片都會覺得，是不是有人後製直接把我 KEY 上去？因為太美了。他們還問我：「以後拍婚紗要不要來這裡拍？」我說應該不會，因為我拍婚紗一定是穿短袖短褲，然後配拖鞋，這才舒服，也才是我啊！但我老婆可能會殺了我，哈！

說到拍照，過往我的表情只有笑與不笑兩種，肢體上也經常不知所措，往往就是站得直直的拍照。後來懂得去精進自我，試著從各類型雜誌、書刊或各式媒體去參考不同的人像攝影作品，學習他們的肢體與神情，也開始常會邀約熱愛攝影的朋友，一同出遊街拍，讓我從日常中學會習慣與鏡頭的互動。

而其中我最喜歡的方式，是直接與攝影師溝通，瞭解他希望呈現的是何種氛圍的作品，讓我回歸演員身份，從心裡去揣摩、想像，將情緒完整表現出來，這是我認為最自在且最貼近自我的方式。

鈺展苗圃

花蓮縣壽豐鄉平和部落聯絡道路 131 號

FB ｜鈺展苗圃

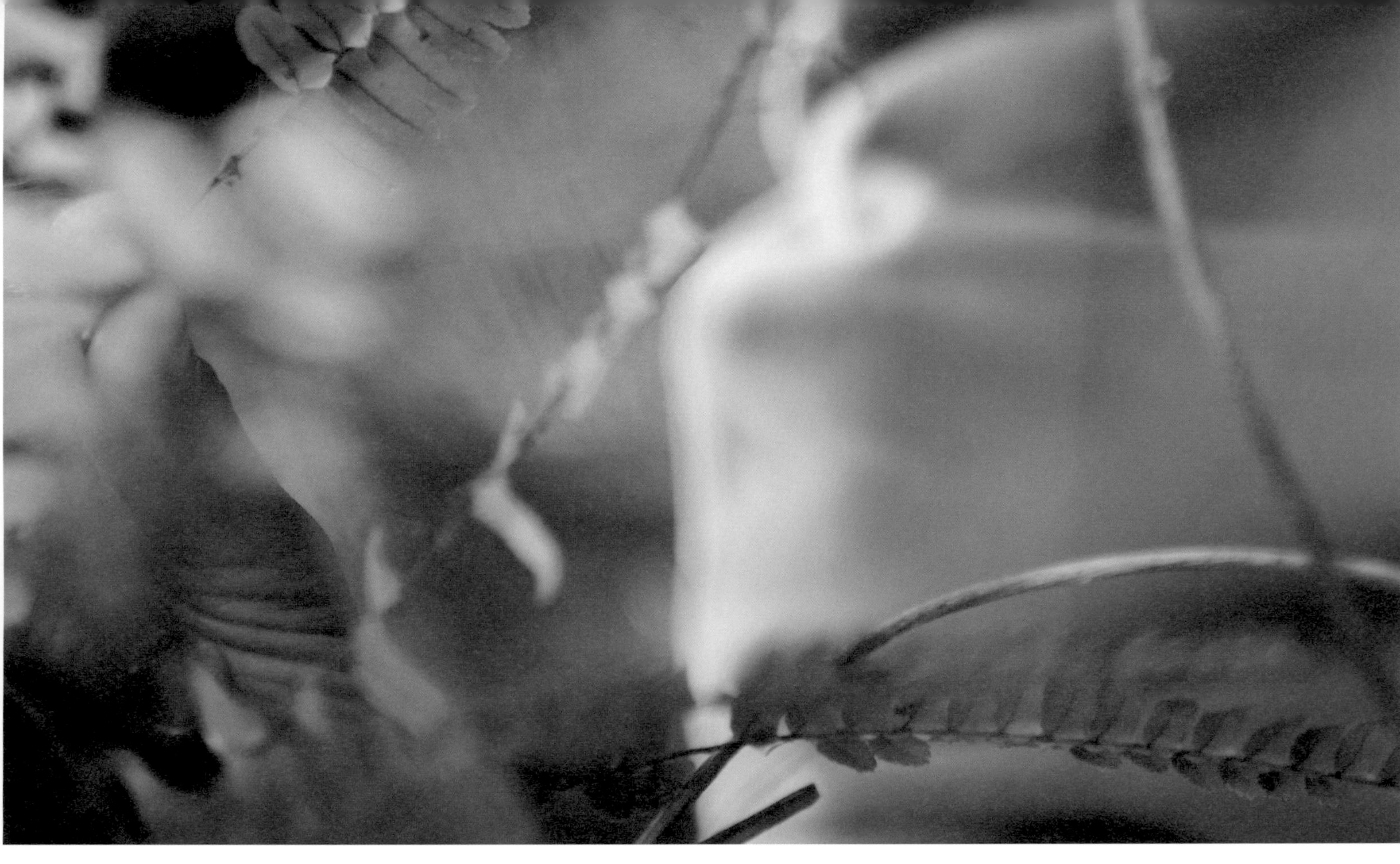

EVENT
20
相 遇 一 翡 翠 谷 瀑 布

現在之所以能在這麼美的瀑布裡展現身材，都是透過許多鍛鍊而成，過程極為辛苦。

一開始學習健身時，我以為只是上跑步機跑步、找幾個健身器材動一動這樣而已，沒想到當我開始請一對一健身教練來指導我後，才發現完全不是這麼一回事。

人的身體有三大肌群：胸、背還有腿，我每天必須選一個大肌群進行訓練，同時搭配較小的肌群做組合。訓練結束後還得搭配食用健身專用高蛋白，幫助撕裂的肌肉更快重組。而每天晨間上跑步機則是有氧運動，為了降低體脂肪，但必須留意絕對不能做得太激烈或時間太長，否則肌肉也很容易被一起燃燒掉。

這些知識都是我以前所沒有的，也是邊做邊學、一點一滴累積才有現在六十分的成果。我從一開始每半個小時跑 250 卡、2.3 公里，到後來半個小時可以跑到 700 卡、7 公里，訓練強度越來越強。我很清楚我的身材一定還可以更好！

現在一個星期鍛鍊六到七天，雖然很緊繃，但這就跟鑽石一樣，唯有磨練才看得見潛力與光輝。寇世勳寇爸曾經說過：「全世界最難的事就是『每天』，這兩個字。」想要成功就要付出代價，如果你是個容易放棄的人，成就自然有限。

然而我必須承認，天使與惡魔戰鬥，惡魔常贏得勝利！例如有人找我吃飯的時候，就是很大的掙扎，我必須叫他們妥協、自己也得妥協。有一天家人要去吃熱炒，但熱炒太油，而且我不能吃白飯和過度精緻的食物，就算要攝取澱粉類，也要選擇好的澱粉，例如地瓜、燕麥，馬鈴薯，盡可能吃食物本來的樣子。我只好跟家人說如果要吃熱炒我就不去，除非換餐廳。後來他們便換了一家較健康、清淡的聚餐地點。像這方面真的需要身邊人的體諒與支持，否則練了兩天，隨便吃一餐便前功盡棄。

聽到我的辛苦談，健身教練鼓勵我，不要把自己當藝人看待，而是把自己當成運動員看待，當你每天做的鍛鍊與忍耐都是為了達到運動場上的終極目標，你會覺得更有價值。聽他這樣說，我覺得很安慰，原來我也是一個具有「運動家精神」的人！

翡翠谷瀑布

花蓮縣秀林鄉翡翠谷

EVENT 21

風中對話—明利飛行傘運動俱樂部

Twin 5

花蓮的風景特別美，若到花蓮一定要玩飛行傘，它可以帶你在空中俯瞰花蓮風光！飛行傘和拖曳傘不太一樣，拖曳傘像風箏有一條線，你被限制著，不會亂飛。但飛行傘沒有被線拉住，真的可能會掉下去，所以你對未知充滿恐懼，擔心一不小心就會沒命。

但無論做什麼，我總會帶著：「來都來了，總要試試看！」的心態嘗試，所以就……來吧！

一開始準備帶著飛行傘起飛時，整個人要向前傾，跟你後面的教練一起往前跑。兩個人的腳要有默契，不然很容易跌倒。一開始感覺真的很困難，因為飛行傘不是你往前跑就能飛起來，是要死命跑，因為傘真的很重，你的力量要足以把空氣灌到傘裡，才能讓它開始飛，真的就有女生沒跑好或是沒有用力跑，飛行傘無法順利起飛，就算有教練在後面也無法將她帶起來。

好不容易努力跑了一下，當你感覺到身體有種漂浮的感覺、腳無法碰到地面時，你就已經在飛了！那感覺真的很妙，是靠自己脫離地心引力飛翔著。整個飛行時間蠻長的，坐在裡面很舒服，可以轉彎也可以往上，在空中幾乎能把整個花蓮盡收眼底，從海邊山群、中央山脈到花蓮田地都看得到，非常享受。

平衡的生活是包含工作和休閒，賺了錢也要懂得花。即使存錢是必須的，但是你若存很多錢，平時卻把自己宅在家，我覺得非常可惜。因此如果行有餘力，我建議大家要把這些辛苦賺來的錢拿來開開眼界，因為大家無法像我一樣，能一邊工作一邊探險，一定要為自己空出些假期，體驗不一樣的人生。

明利飛行傘運動俱樂部
花蓮縣萬榮鄉明利村明利
100 號
www.sediq.url.tw

event

說走就走—鳳林溪花海

22

在花蓮我們有一種說走說走的感覺，隨時看到不錯的景點停下車就可以拍。我很喜歡做不在計劃中的事，也很喜歡自己旅行。因為跟很多人一起旅行的時候，常常要訂出幾點到那裡、看什麼、做什麼……但我一個人旅行的時候就是走慵懶風，不僅睡到自然醒，有沒有早餐也不是很重要，我更不會去查哪裡有美食景點，只會到了旅館後去附近晃兩圈，看哪一家店感覺不錯就直接走進去吃，讓旅行中所有人事物自己出現在面前。而且有時迷路還會探索到有趣的新發現呢！

未來我盼望能到更多不同環境工作、放大自己的視野，透過在不同城市與國家的歷練，了解更多元的表演模式並拓展競爭力，把小事情做得再好、再完整一點、想事情的層面更多、更周詳，讓「孫其君」成為一個具有厚度的藝人、一個能夠永續經營的品牌！

鳳林溪花海

花蓮縣鳳林鎮

event

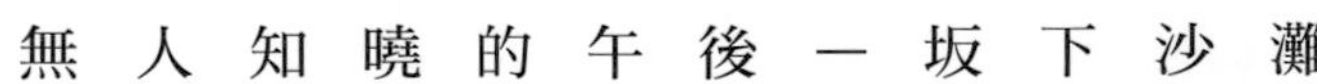

無 人 知 曉 的 午 後 — 坂 下 沙 灘

坂下海灘是個蘇花公路旁的無人礫灘，它全部都是小石頭，也是花蓮當地的無人海灘秘境，來這裡可以盡情專注在山、海、浪之美，敞開自己的身心，沉浸在大自然之中。

這段時間我開始練身體、學拳擊，是我人生中最壯的時候、肌肉量也最多。開始健身後我才發現，能讓身體改變的不只是走進健身房，更是「控制飲食」。所謂的控制飲食不只是重視「量」更是重視吃的「質」。

首先，我必須戒掉我最喜歡的飲料，因為這些飲品裡面含有過多糖分，現在我能夠喝的飲料只剩下低脂牛奶、無糖豆漿和黑咖啡。在吃的部分，澱粉類必須小心攝取，地瓜、全麥麵包才是可以進到肚子裡的澱粉，肉類則是選擇用水燙過的雞胸肉，以及無油乾煎的牛排、深海白魚肉，我必須在眾多美食裡選擇少數我可以吃的食物。要做到這些，真的很不容易，以前想吃什麼都隨心所欲，一天當中任何時間都可以進食，現在除了注意食物內容還必須克制自己一次只能吃七、八分飽，更不能吃宵夜。

這樣聽起來，我的飲食控制雖然很辛苦，但它不僅讓我的身材變好，還教會我一件事，就是「自律」。當我很想亂吃、覺得沒人在旁邊時，便常告訴自己：我要挑戰的是自我而不是別人的監督。當我成功經過一次又一次的掙扎，讓戰勝自己成為一種習慣之後，我所擁有的好身材與意志力，誰都搶不走。

聖經上提到：「你的日子如何、你的力量也必如何。」當你咬牙撐過時，戰鬥指數將能瞬間提升！

坂下海灣

花蓮縣秀林鄉

小 自 由 角 落 — 小 旅 行 迷 你 公 寓

EVENT 24

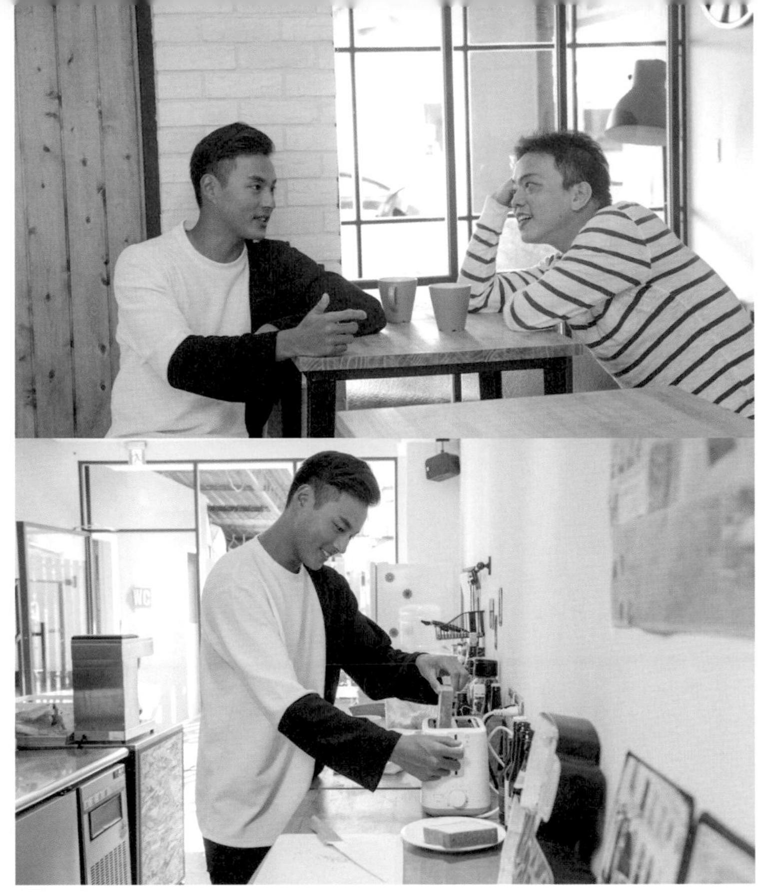

出外景時我每一天都很期待當天住的旅館，我不會在乎它新或舊、高不高級，因為不同的地方就有不同的體驗。還記得以前去到一個部落旅社，進去之後發現窗戶玻璃全是破的，很多地方都極為簡陋，但我卻住得很開心，因為那都是旅行的一部份。

當然你若跟另一半出門就會想住得舒服一點，但如果跟男生朋友去則越爛越好，因為那會很好玩！一來便宜，二來不用拘謹會把空間弄髒弄亂，第三則是我們男生一定不睡覺玩通宵的啊，所以旅館空間就沒那麼重要，只要可以洗澡、休息就好了。

「小旅行迷你公寓」民宿是由一群好朋友開的，他們以前是上班族，後來決定一起開民宿。這群朋友的初衷是不想被工作綁住，可以有更多機會四處雲遊。乍聽之下很任性，但何嘗不是另一種 “guts” 呢？看他們把民宿打理得舒舒服服、簡單浪漫，讓我感受到他們很認真在過日子呢！

小旅行迷你公寓

花蓮縣花蓮市
國聯一路 103 號

www.minivoyage.com

event

相聚一刻—花蓮北吉光輕旅青年旅館

在花蓮我們嘗試進行打工換宿，事先跟民宿老闆協議幫他做一些工作，以換住兩個晚上作為報酬。之前聽別人提到打工換宿都覺得很有趣、很輕鬆，何樂而不為？沒想到做了才知道不容易。

我平常自己住，只要偶爾換換枕套、被套並不難，但當你一口氣要換上八個、十個，真的很累。而且因為民宿是上下舖，你要跪在床上、彎腰進去鋪床，還要在腦中想好整個工作流程，例如因為掃地後灰塵會揚起來，所以你必須設計好先掃地後換枕套的 SOP，才能事半功倍。此外我還要幫老闆管理民宿、站櫃台、Chek-in、做早餐，如果老闆不在，我的身份就像是這間民宿的暫時店長，是要負責的。

果然各行各業都有它辛苦和專業的地方，不可以輕視。在我心目中，只要認真工作，就是一位值得受到尊敬的工作人，不能用世俗價值觀來定義。

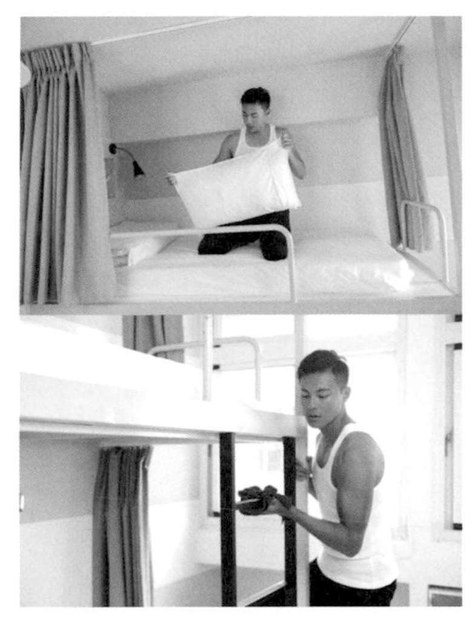

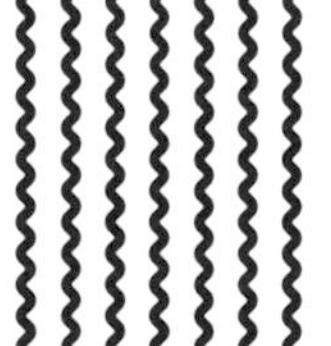

25

花蓮北吉光輕旅青年旅館

花蓮縣花蓮市中山路 601 巷
1 弄 19 號

hualien.bayhouse.tw

午後思索—花蓮文創園區
26

花蓮文化創意產業園

花蓮縣花蓮市中華路 144 號

www.a-zone.com.tw

花蓮文創園區是個很有文藝氣息、充滿設計感的地方，我雖然不是一個充滿書香氣息的人，但是既然來到這裡，就要揣摩一下這種感覺，這也是我身為演員的功課：演誰就要像誰，且能為他加進孫其君獨有的風格。

我曾經看到 Instagram 上面有些在這座樓梯上拍的照片，所以我也要來挑戰它，把身體舉起來跟樓梯平行。這張看起來均衡好看的照片，拍攝的過程其實有點辛苦，撐起來需要出很多力，也要有一點運動細胞，但我很開心能在文創園區拍出彰顯我潛力的照片。

媽媽以前就叫我拼命三郎，常常玩得全身上下都是傷，因為我一直是個先做再說、先玩再說的人。當我來到這座樓梯前，如果我就這麼一板一眼走上去、拍幾張照片，然後完成這個工作，就不是我的風格了。我認為即使在樓梯上做這個動作有點危險，但如果成功了，就是為自己增加一件與眾不同的作品；如果不小心跌倒了，那就是受點傷、學點教訓，沒有什麼關係啊！

你呢？你願意為自己心愛的人 · 事 · 物冒多少險呢？

event

擁抱夢想 — 臥松園區

在準備離開花蓮回台北之前，我們上網看到花蓮有一處很美的臥松園區，於是就彎過來拍了幾張照。來到這裡特別讓我感受到，現代人想要什麼資訊，隨手一滑便可取得，因此也養成急躁的習慣。這其實不是一件好事，因為越來越少人願意用「經營」的態度來工作與生活，想要懷抱遠見更是困難。

例如當你拍了一部戲，就會去想為什麼沒有想像中紅得快？因為你必須擁有真本事，才守得住一炮而紅後的聲量。尤其名利來得太快時，很少人承受得起，當一個人輕輕鬆鬆就能得到一切時，便會開始輕忽手中的工作和擁有，使驕傲隨之來到，這就是失敗的開始。

許多事情來得快去得也快。當你想用最少的資源達到最大的成效時，是不切實際的，我們必須全心投入、認真謹慎、把根紮深。就像劉德華這樣的天王巨星之所以能紅那麼久，就是因為他用經營的態度做每一件事，善待「自己」這個品牌。我也用劉德華提醒、期許自己，不能因為這次演出的角色只是男配角就散漫隨便，因為我的每一部作品，在觀眾心中都可能成為他們心中的代表作，絕不可輕易看待。

雖然我距離「天王」的境界還有十萬八千里，但是設定了一個正確的目標，已經讓我離成功更靠近。

臥松園區

花蓮縣花蓮市松園街 50 號

成為書的一部份

台北市動物之家，跟我很有緣份，樂樂是在那裡領養的，也因此，她找到了原來的家人。因為領養樂樂，我看到了動物之家的需要，而你們，相信著我對浪浪們的愛。

這本書，有一部分是獻給動物之家的，也謝謝你們，帶著跟我一樣的熱情愛著浪浪們。在眾多眾籌的選項裡，你們選擇了給予毛孩子們更好的機會和環境，看著這項眾籌名單，知道你們在我身後努力的支持著，謝謝你們贊助的這個項目，我相信，改變，就是從小事做起。身為冒險王，去過許多地方，遇過許多人，他們所堅持的就是從小事做起，唯獨這樣，才會在時間裡看見改變和進步。

浪浪們並不會開口和我們說謝謝，但我們心裡知道他們因著我們的付出過著更好的生活，我們的心也因著他們的享受，被愛填滿了。沒有什麼是應該的，或是理所當然的，大家的付出看在眼裡，其實感到很欣慰，謝謝你們相信我的選擇，謝謝你們陪著我一起完成了這本書，一起看見自己的愛實體化，在這本書的背後，其實講的不只是哪裡很好玩、很有趣，而是我們在每一分每一秒其實都可以成為更好的人。

使徒行傳：20:35
我凡事以身作則，你們必須照樣辛勞，扶助軟弱的人，並且記念主耶穌的話：『施比受更為有福。』

謝謝你們相信我的選擇。

陳祺諠、歐又寧、彭麗叡、謝慧琪、王雅玲、王珮如、葉家茵、周成恬、徐麒勝、沈欣怡、林冠樺、陳祺雯、梁登億、鄭凱倫、歐又華、李玉馨、楊立軒、黃楀洋、王鈺婷、張與軒、卓珠珠、林佩貞、周文嵐、劉惠安、陳思伃、潘翊禎、劉思宜、劉思宜、柯貞羽

epilogue

「書」從來不是我的強項，因 我從小就有過動症的問題，長時間靜下來專心做一件事是極度困難的挑戰。

當經紀人提及出書計畫，一開始總覺得這件事很不「孫其君」，因為是我覺得在今生當中都不可能發生的事情。不愛看書，也不會寫東西的我要出書，跟家人、朋友提到所獲得的反應都是大笑三聲，真正好笑的是，我認同他們。有趣的是，現在，我卻正在寫著本書的後記，一方面覺得荒謬，另一方面覺得很神奇，這樣個性的我可以出書，也因此我要求自己開始學習寫作，不管外景去到哪裡都帶著電腦，同時開始學習閱讀其他人的作品。

除了寫下自己最直接的心理感受之外，本書能夠成形，有一些人我想要好好感謝。

謝謝生活在澎湖的 Frank，無時無刻都帶著燦爛的笑容，以最專業的態度對待我在當地所紀錄的大小事，也用最溫暖的溫度照顧著我們在民宿的生活起居。不只如此，也因著 Frank 讓我有機會認識更多新朋友:對於海鮮瞭如指掌的漁業大亨，免費送我上天空翱翔的孝順青年，還有經營水上活動的健美教練。如果沒有 Frank，這本書一定沒有想像中的精彩有趣。

謝謝擁有大膽冒險精神的 Damon，因為喜歡到處冒險遊玩而放棄正職工作的 Damon，不要被他的斯文長相所騙，曾經是樂團吉他手的他，現在在花蓮經營一家既時尚又兼具文青風格的民宿。在花蓮這段時間，有好幾次跟他談話的機會，過程中可以感受到他對人事物的好奇心，還有那對於生命充滿色彩的熱忱，沒聊幾句就會被他感染，彷彿世界一瞬間充滿著希望與可能；順道一提，他民宿裡的床是我睡過最舒服好睡的床！

謝謝跟我一樣喜歡去到新地方的攝影師 Elmo，Elmo 是一位能夠上山下海的攝影師，能夠做到這樣一定得要他本身就熱愛冒險；每次站在鏡頭對面，除了專心拍出理想的照片之外，其實可以看到在相機後面的 Elmo 滿身大汗半蹲著幫我拍照，甚至會貼心幫我們企畫出更多有趣的畫面和故事，最後在書的製作過程中，看到所有照片其實心裡有著滿滿的感動和感謝，因為這是 Elmo 用心所按下每一次快門所產生出來的結果。

最後，要謝謝我的經紀人于晴姐，沒有她就沒有我。從出道到現在，我們幾乎就像生命共同體，一起承受掌聲與挫折，一起笑一起吵架，一下像個大姊一下又像個長輩，有時候是經紀人，有時候卻又是最了解我的朋友。我們經營著彼此的工作，也在這次書的製作過程中看見她對我的用心。我有問過她為什麼要幫我出書，她說：希望你有更多的作品，突破自己挑戰更多的不可能，才值得大家的掌聲。這樣對我極高要求的她，回應她最好的方式，我想不是千言萬語，而是用努力和成績來謝謝她，我會好好繼續加油的！

所謂「孫其君的自由式」就是透過我自己的雙眼帶著大家去看看我所看到的地方，我認為自由就是趁著生命短暫的時間，去看自己前所未見的那片風景，不管是坐在辦公室的你還是坐在教室的你，是否有時間抬頭仰望一下天空，思考一下什麼才是屬於你自己的自由式。

“

If you can't make the most out of any given moment, then you don't deserve a single extra second.

”

凱特文化 讀者回函

敬愛的讀者您好：
感謝您購買本書，只要填妥此卡寄回凱特文化，我們將會不定期提供您最新的出版訊息與特惠活動資訊！

您所購買的書名：孫其君的海岸自由式

姓　名 ______________　　性別 □ 男 □ 女

出生日期 ____年____月____日　年齡 ______

電　話 ______________

地　址 ______________

E-mail ______________

____ 學歷：1. 高中及高中以下　2. 專科與大學　3. 研究所以上

____ 職業：1. 學生　2. 軍警公教　3. 商　4. 服務業
5. 資訊業　6. 傳播業　7. 自由業　8. 其他

____ 您從何處獲知本書：1. 書店　2. 報紙廣告　3. 電視廣告　4. 雜誌廣告
5. 新聞報導　6. 親友介紹　7. 公車廣告　8. 廣播節目
9. 書訊　10. 廣告回函　11. 其他

____ 您從何處購買本書：1. 金石堂　2. 誠品　3. 博客來　4. 其他

____ 閱讀興趣：1. 財經企管　2. 心理勵志　3. 教育學習　4. 社會人文
5. 自然科學　6. 文學小說　7. 音樂藝術　8. 傳記歷史
9. 養身保健　10. 學術評論　11. 文化研究　12. 漫畫娛樂

請寫下你對本書的建議：

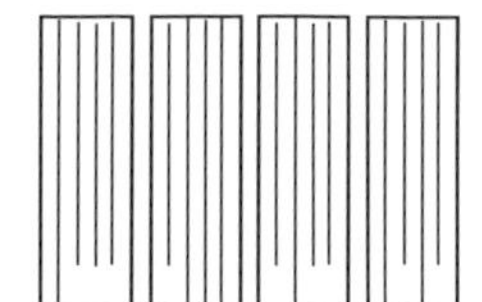

廣	告	回	信
板橋郵局登記証			
板橋廣字第836號			
免	貼	郵	票

to 新北市23660土城區明德路二段149號2樓

凱特文化創意股份有限公司 收

姓名：

地址：

電話：

星生活 57

孫其君的海岸自由式

作　　者 孫其君

經紀公司 希望娛樂經紀國際有限公司　經 紀 人 黃于晴　經紀助理 林群玥

發 行 人 陳韋竹　總 編 輯 嚴玉鳳　主　　編 董秉哲

攝　　影 Dean Wu　攝影協力 楊瑞謙、陳葦志　動態攝影 黃尉菘

責任編輯 董秉哲　文字協製 羅山　封面設計 盧卡斯工作室　版面構成 盧卡斯工作室

行銷企畫 黃伊蘭　印　　刷 通南彩色印刷有限公司　法律顧問 志律法律事務所 吳志勇律師

出　　版 凱特文化創意股份有限公司

地　　址 新北市 236 土城區明德路二段 149 號 2 樓　電　　話（02）2263-3878　傳　　真（02）2263-384

劃撥帳號 50026207 凱特文化創意股份有限公司

讀者信箱 katebook2007@gmail.com　凱特文化部落格 blog.pixnet.net/katebook

總 經 銷 大和書報圖書股份有限公司

地　　址 新北市 248 新莊區五工五路 2 號　電　　話（02）8990-2588　傳　　真（02）2299-1658

初　　版 2017 年 08 月　定　　價 新台幣 350 元

感謝

herbacin
德國小甘菊

BAY HOUSE
小旅行迷你公寓
MINI VOYAGE HOSTEL

BAY HOUSE

pressplay
PRESS PLAY TO JOIN US

台北市動物之家

國家圖書館出版品預行編目（CIP）資料

孫其君的海岸自由式 / 孫其君著 . — 初版 . — 新北市 ：
凱特文化創意 , 2017.08
面；　公分 . —（星生活；57）
ISBN 978-986-93909-8-9（平裝）

1. 遊記 2. 澎湖縣 3. 花蓮縣

733.9 / 141.69　　106006715

孫其君的海岸 自由式

孫其君
Steven Sun
——著